© 2006 Petra Raab
Herstellung und Verlag:
Books on Demand GmbH,
Norderstedt
ISBN 3-8334-4703-6

Petra Raab

Die 44 Masken des Egos

„Eigentlich bin ich ja überhaupt kein guter Buchschreiber, aber ich konnte einfach nicht umhin um dieses zu schreiben."

Wie sie sehen meine Damen und Herren, habe ich die ganzen Tricks des Egos drauf. Hier lesen sie praktisch einen Meister seines Fachs. Dies war soeben der "Selbstzweifel".

1. Kleinkind

Ein beliebtes Mittel um sämtliche Angriffe des anderen abzuwehren ist das so genannte "Kleinkind".
Hat man etwas ausgefressen und wird dafür beschuldigt, kann man seinen Gegner mit einem Fall in das Kleinkindalter wieder zu Fall bringen. Sämtliche Vorwürfe werden vom Gegenüber sofort vergessen und er fällt in die Beschützerrolle. Es ist vielleicht ratsam noch durch gezieltes „groß machen" der Augen und durch „Schmollbewegungen" des Mundes dieses „Kleinkind" noch zu unterstreichen. Dieses Verhalten bewirkt so gut wie immer einen Erfolg. Es wäre auch ratsam, die Stimme etwas zu erhöhen und sich an sein Vokabular aus Kindertagen wieder zu erinnern, um dieses gewinnbringend anzulegen.
Ihr Gegenüber muss in das absolute Gefühl gebracht werden, dass er es hier nicht mit einem gleichwertigen Partner zu tun hat, sondern mit einem unschuldigen Kind, welches in der Rangordnung weit unter ihm steht. Dadurch fängt er an sich für seine Vorwürfe zu schämen und wird sich bald dafür bei ihnen entschuldigen.

Beispiel:

Sie haben ihrem Gegenüber das Essen, welches er sich extra für Abends aufgehoben hat, weggegessen, mit der Erinnerung, dass er ausdrücklich darauf hingewiesen hat, sie sollen ihre Finger davon lassen.
Machen sie ihm mit dem obigen Verhalten eindeutig klar, dass es seine Pflicht ist, sich um sie zu kümmern, und dass sie alleine nicht in der Lage sind, für sich zu sorgen. Er wird es als egoistisch empfinden, überhaupt Anspruch auf dieses Essen angemeldet zu haben.

2. Schuldeingeständnis

Nichts befriedigt ihr Gegenüber so sehr, als dass sie alle Vorwürfe welche er ihnen macht eingestehen.
Dadurch gibt man dem anderen das Gefühl, dass er allwissend ist. Man macht ihn zu seinem König und man selbst ist der Untertan. Jemand der die Rolle des Königs spielen darf, hat keine Konkurrenz mehr zu fürchten. Setzt man ihn auf einen Thron, ist er unangreifbar und man hat sämtliche Angriffslust des anderen mit einem Schlag außer Gefecht gesetzt.
Dem König wird sein Status schlagartig bewusst und er reagiert in der kompletten Situation so, wie es sich für einen König gebührt, „würdevoll" und „gnädig".
Ihm wird bewusst, dass sich ein König nie aus der Fassung bringen lässt und dass er in der Situation vielleicht etwas zu ungnädig reagiert hat.
Er wird sich für seine „unkönigliche" Handlung bei ihnen entschuldigen.

Beispiel:

Sie haben seine Lieblingsvase heruntergeschmissen. Da in diesem Fall leugnen sowieso keinen Sinn hat, geben sie es zu, er wird sich trotzdem noch als allwissend vorkommen. Geben sie unmissverständlich zu, dass sie einen großen Fehler gemacht haben und dass sie unwürdig sind, überhaupt den gleichen Raum mit ihm zu teilen.
Er wird sich bald schämen und der Platz auf dem Thron ist für sie wieder frei.

3. Erkenntnis

Ganz wichtig ist es seinem Gegenüber das Gefühl zu geben dass man weiß wovon er spricht. Außerdem muss man den Eindruck vermitteln, dass man weiß worum es ihm überhaupt geht.
Hat dieser zum Beispiel hohe moralische Vorstellungen und legt diese einem klar, sollte man so tun, als ob man jedes Wort verstanden hat.
Man sollte mit einem „Beispiel" aus seinem eigenen Leben zeigen, dass man genauso denkt und fühlt wie der andere.
Selbstverständlich sollte man zum Schein bei bestimmten Gelegenheiten das Verhalten des Gegenübers noch übertreffen um so keinen Zweifel mehr übrig zu lassen.

Beispiel:

Sie haben ihr Gegenüber verärgert weil sie in die Suppe etwas Speck hineingetan haben obwohl dieser Vegetarier ist. Tun sie bei seiner Moralpredigt so als ob sie wüssten wovon er spricht. Falls sie auch noch ein Buch zu Hause haben das sie schon einmal von einem Vegetarier geschenkt bekommen haben, können sie dieses als Beweis präsentieren dass sie sich mit diesem Thema schon einmal ernsthaft auseinandergesetzt haben. Der andere wird sich bei so viel Gleichklang geschmeichelt fühlen und sie können sich sicher sein noch an diesem Abend ein Kompliment über ihr hervorragendes Essen zu erhalten.

4. Aufmerksamkeit

Nichts liebt der andere so sehr, als wenn man ihm das Gefühl gibt wichtig zu sein.
Dieses Gefühl erzielt man am besten durch die so genannte „Aufmerksamkeit". Man muss dem anderen das Gefühl geben, dass man ein Leben lang nur darauf gewartet hat dessen Worte zu hören.
In diesem Fall empfiehlt sich auch der „leicht geöffnete Mund", doch bitte nicht zu weit öffnen, dass wirkt zu gestellt. Außerdem ist es wichtig, seine Mimik auf das Mindestmaß zu reduzieren. Eine gewisse Ernsthaftigkeit im Gesichtsausdruck unterstreicht das Ganze noch.
Man kann, sobald der andere für einen kurzen Moment den Raum verlässt, seine Gesichtsmuskeln mit ein paar Übungen wieder auflockern. Wichtig jedoch ist, dass sie die Gesichtsmimik bei dessen Zurückkommen wieder parat haben und dass die Handygespräche, welche sie in der Zwischenzeit geführt haben um sich aus ihrer Langeweile zu befreien, wieder eingestellt sind. Sie können sich sicher sein, dass sie mit dieser Taktik die volle Aufmerksamkeit ihres Gegenübers erhalten werden.

Beispiel:

Sie merken, dass sich ihr Gegenüber in letzter Zeit etwas ungeliebt von ihnen fühlt. Um so weiter zu machen wie immer, laden sie ihn zum Essen ein, und hören sie ihm einen ganzen Abend genau so zu. Dies wirkt Wunder und sie haben für ein halbes Jahr Ruhe.

5. Mimik

Eines der wichtigsten Instrumente des Egos ist die Mimik. Dass sollten sie nie vergessen.

Am besten sie üben einige wichtige Gesichtsausdrücke zu Hause im Spiegel.

Zu den wichtigsten zählen: Betroffenheit, Erstaunen, Unschuldig, Gleichgültig, Verärgert, Verletzt, Unterkühlt, Mitfühlend, Verstehend, obwohl um es abzukürzen, sagen wir einfach alle, je nach Bedarf und Situation.

Wer jedoch auf Kommando weinen kann gehört definitiv schon zu den Meistern auf diesem Gebiet. Gegen so eine Waffe ist jeder machtlos. Wohl dem der sie zu seinem Repertoire zählen kann.

Beispiel:

Sie haben gerade den Hund ihres Gegenübers der sie immer angebellt hat totgefahren. Weinen sie die größten "Hundetränen" ihres Lebens.

Ihr Gegenüber sieht ihre Bestürzung in Sturzbächen fließen und wird sie trösten.

6. Lachen

Das gekonnt eingesetzte Lachen öffnet ihnen so gut wie jede Türe.
Wichtig dabei ist, dass sie immer genau wissen wann ihr Gegenüber einen „Lacher" von ihnen erwartet. Mit ein wenig Einfühlungsvermögen hat man dies jedoch bald heraus.
Egal wie einfältig die Bemerkungen ihres Gegenübers auch immer sein mögen, in dem Moment wo er einen „Lacher" erwartet, lachen sie.
Das Schlimmste wäre, wenn sie diesen Einsatz einmal verpassen würden. So etwas wird so gut wie nie mehr verziehen.
Gott sei Dank gibt es in vielen Fällen die Hilfe eines Dritten der einen durch sein plötzliches Lachen daran erinnert was hier von einem erwartet wird.

Beispiel:

Sie sitzen gerade bei einem Geschäftsessen und denken daran dass ihr Hund überfahren wurde.
In dem Moment fängt ihr Nachbar an zu lachen.
Lachen sie was das Zeug hält.

7. Humor

Es gibt nichts Besseres als sein Gegenüber mit einer geschickten Humoreinlage abzulenken.
Der andere fühlt sich durch ihre „Einlage" geschmeichelt, da es für ihn so ist, als ob sie ein ganzes Kino für ihn alleine gemietet hätten.
Je mehr sie sich ins Zeug legen, je mehr wird er besänftigt. Auch ein Ständchen hilft um die Situation zu entschärfen, doch bitte nur, wenn sie die Erkenntnis haben, dass ihr Gegenüber ihren Gesang wirklich schätzt.
Niemand bleibt von diesem Schauspiel unberührt. Immerhin hatte früher nur der König einen Narren, doch seien sie sich sicher, am Ende der Aufführung sind sie es nicht.

Beispiel:

Sie haben sich mit ihrem Gegenüber in einem Restaurant verabredet und kommen zwei Stunden zu spät.
Stellen sie sich in dem Moment in dem sie das Restaurant betreten auf ein Bein und hüpfen sie so zu ihrem Gegenüber.
Sprechen sie dabei ganz laut die Worte: "Entschuldigung dass es so lange gedauert hat, ich bekomme seit zwei Stunden das andere Bein nicht mehr auf den Boden."
Wichtig dabei ist, dass so viele Restaurantbesucher wie möglich diese Aussage mitbekommen.
Ihr Gegenüber wird so überrascht und geschmeichelt sein von dieser Einlage, dass sie sich um die anfallende Rechnung an diesem Abend keine Gedanken mehr zu machen brauchen.

8. Theatralik

Nichts wirft einen Angriff ihres Gegenübers so aus der Bahn wie ein plötzlich aufkommender Gefühlsausbruch.
Je mehr sie sich dabei verausgaben, je mehr Wirkung erzielen sie.
Das laute Schluchzen ist dabei genauso hilfreich wie das leise Wimmern.
Vollkommen egal was sie auch immer anwenden, sie müssen ihrem Gegenüber nur das Gefühl geben, dass jedes Wort an sie sinnlos ist, da sie zu sehr in ihrem Schmerz sind.
Was auch immer gut ankommt ist das spontane „auf den Boden werfen" und „mit den Füssen trampeln".
Ihr Gegenüber wird sehr schnell ein schlechtes Gewissen bekommen, dass er sie in so einen Gefühlsausbruch gebracht hat und sich umgehend dafür bei ihnen entschuldigen.

Beispiel:

Ihr Gegenüber hat ihnen mitgeteilt, dass er in ihrer Beziehung nicht mehr glücklich ist.
Bei so einem Frontalangriff hilft nur noch der Gefühlsausbruch.
Sie müssen ihm demonstrieren, wie unglücklich er sie mit dieser Aussage gemacht hat.
Zögern sie nicht alles zu geben.
Er muss am Ende ihrer Vorstellung nur noch einen einzigen Gedanken haben, nämlich sie wieder glücklich zu sehen.

9. Anpassung

Eine wichtige Regel um im Alltagsdschungel überleben zu können ist die Anpassung an die allgemeine Stimmung.
Sie müssen in der Lage sein zu jeder Tages- und Nachtzeit ihr komplettes Repertoire an Mimik hervorzaubern zu können.
Nichts ist schlimmer als eine konträre Stimmung zu haben als der Rest der Menschen um sie herum.
Sie müssen fühlen was für eine Stimmung von ihnen verlangt wird und sich dementsprechend verhalten.
Dabei ist es vollkommen unwichtig ob sie zu einem bestimmten Thema noch am Vortag mit einer anderen Gruppe darüber gelacht haben.
Ist die jetzige Gruppe darüber empört, dann seien sie es auch.
Falls sie die Gruppe vom Vortag noch einmal treffen, dann können sie ja wieder darüber lachen.
Wichtig dabei ist nur, dass sie sich daran erinnern bei was für einer Gruppe sie welche Stimmung hatten.

Beispiel:

Sie kommen gerade aus dem Kinofilm „Schlachtet sie ab".
Auf der Straße treffen sie Bekannte welche in dem Kinofilm „Frieden auf Erden" waren.
Setzen sie ihr schönstes Buddhalächeln auf und singen sie „Hare Krishna."

10. Umkehrung

Falls sie für eine Sache beschuldigt werden die etwas größerer Natur ist verwenden sie den Trick der „Umkehrung".

Umkehrung heißt nichts anderes, als dass was ihnen vorgeworfen wird dem anderen in die Schuhe zu schieben.

Treten sie dabei sehr stark und selbstbewusst auf, dies verunsichert ihr Gegenüber.

Gut ist dabei auch, dem anderen ernst und fest in die Augen zu schauen, ohne eine Mine zu verziehen.

Sie dürfen sich dabei mit keiner einzigen Zuckung ihrer Gesichtsmuskeln verraten.

Wenn sie dies selbstbewusst „durchziehen", ohne zu „fallen", wird sich ihr Gegenüber für die von ihm selbst vorgeworfenen „Vergehen" entschuldigen.

Beispiel:

Ihr Gegenüber behauptet, sie lieben ihn nicht mehr.
Drehen sie den Spieß herum und behaupten sie, dass ihr Gegenüber sie nicht mehr liebt, da er ihnen nicht mehr vertraut, dass sie ihn lieben.

11. Naivität

Auch eine gute Variante um aus einer Situation wieder herauszukommen ist die „Naivität".
Man darf die Naivität nicht mit der Verleugnung verwechseln, bei der Naivität weiß man überhaupt nicht wovon der andere redet, bei der Verleugnung schon. Zu dieser kommen wir aber später.
Bei der Naivität müssen sie sich so hinstellen als ob sie gerade erst geboren wurden.
Sie wissen so gut wie überhaupt noch nichts von dieser Welt.
In diesem Fall empfiehlt sich auch der so genannte „Unschuldsblick".
Wie kann jemand der gerade erst auf die Welt gekommen ist auch wissen wovon sein Gegenüber spricht.
Ihr Gegenüber wird bald das Gefühl bekommen sie überfordert zu haben und von seinen Vorwürfen ablassen.

Beispiel:

Ihr Chef wirft ihnen vor, zu viel private Telefongespräche zu führen.
Zeigen sie ihm mit ihrer Reaktion, dass sie nicht einmal wissen was ein Telefon ist.

12. Klein machen

Eine wunderbare Möglichkeit um den anderen von seinen Vorwürfen abzubringen ist ihn „Klein" zu machen.
Stellen sie ihn so hin als ob er vollkommen naiv wäre und vom Leben noch keine Ahnung hat.
Lachen sie ihn über dass was er ihnen vorwirft einfach aus und demonstrieren sie ihm damit dass alle seine Vorwürfe nur „Märchengeschichten" sind.
Bezweifeln sie seine geistige, seelische und körperliche Reife um die Situation richtig einschätzen zu können.
Dabei ist der vorgespielte „Lachanfall" genauso hilfreich, wie der Blick des „verständnissvollen-allwissenden-allesverzeihenden Erwachsenen".
Bei so einer Handlungsweise wird sich ihr Gegenüber bald wieder als Kleinkind fühlen und sich schämen, dass es sich gegen eines seiner Elternteile aufgelehnt hat.

Beispiel:

Sie wurden von ihrem Partner in flagranti erwischt.
Machen sie ihm unmissverständlich klar, dass er die Situation vollkommen falsch interpretiert hat.
Sagen sie ihm, dass er noch nicht genügend Erfahrung hat um zu wissen wie sie wirklich fühlen.
Beruhigen sie ihn mit einer sanften Stimme und mit einer absolut „lieb" klingenden Wortwahl.
In diesem Zusammenhang dürfen sie das Wort „Liebe" öfters verwenden.
Mit dieser Taktik schaffen sie es ihr Gegenüber langsam wieder in den Schlaf zu „singen."

13. Tot stellen

Eine wunderbare Methode um einer Diskussion aus dem Weg zu gehen ist das so genannte „Tot stellen".

Sie müssen sich einfach so verhalten als ob sie gar nicht da wären.

Wenn ihr Gegenüber ctwas zu ihnen sagt, antworten sie überhaupt nicht oder nur einzelne Buchstaben wie zum Beispiel „mmmm". Wenn sie es geschickt anstellen können sie dieses „mmmm" gleichzeitig als Meditationsübung verwenden.

Dadurch kommen sie in einen anderen Bewusstseinszustand und hören den anderen sowieso nicht mehr.

Beispiel:

Sie haben gerade den Fernseher auf dass Programm geschaltet was sie gerne sehen möchten, obwohl vereinbart war, dass ihr Gegenüber heute das Fernsehprogramm bestimmt. Lassen sie ihren Partner so lange reden bis ihre Sendung vorbei ist.
Wenn sie Glück haben macht er aus einer Mücke einen Elefanten und sie können sich die nachfolgende Sendung auch noch anschauen. Danach wachen sie wieder aus ihrem Todesschlaf auf und verhalten sich so als ob nichts gewesen wäre.

14. Vergesslichkeit

Eine weitere Taktik um sich geschickt aus der Affäre zu ziehen ist die „Vergesslichkeit".
Dabei berufen sie sich auf Störungen in ihrem Kurzzeitgedächtnis.
Vergessen sie dass was ihnen vorgeworfen wurde und auch die Sätze mit denen es ihnen vorgeworfen wurde.
Dass heißt, wenn ihnen ihr Gegenüber in einer Diskussion etwas erzählt, vergessen sie einfach was er zwei Sätze vorher zu ihnen gesagt hat.
Dadurch unterbrechen sie seinen Redefluss und verunsichern ihn.
Wenn er das Gesagte noch einmal wiederholt, ist es bereits abgeschwächt.
Ziehen sie das Ganze ein paar Mal durch, und ihr Gegenüber wird sich selbst bald die Frage stellen, warum er ihnen das Ganze eigentlich erzählt hat.

Beispiel:

Ihr Gegenüber macht ihnen Vorwürfe mit einem Bekannten ausgegangen zu sein obwohl sie ihm erzählt haben sie seien krank und liegen im Bett. Lassen sie ihn ein wenig erzählen und dann fragen sie ihn wie der Name des Bekannten gleich noch einmal war. Dann lassen sie ihn wieder weitererzählen und fragen dann wann genau dass noch einmal war. Dann lassen sie ihn wieder weitererzählen und fragen dann was für eine Krankheit dass noch einmal war usw.

15. Zügelung

Ein wichtiger Punkt im Umgang mit ihrem Gegenüber ist es ihn immer im Auge zu behalten.
Wenn sie merken, dass er größenwahnsinnig wird und aus dem Ruder zu laufen beginnt, müssen sie ihm sofort Einhalt gebieten.
Nichts ist schlimmer als ein Gegenüber der sich nicht mehr im Zaum hat.
Sobald sie merken, dass ihr Gegenüber ungezügelt wird, verwenden sie sofort solche Worte wie: arrogant, selbstherrlich, überheblich, abgehoben, usw.
Diese Worte signalisieren ihrem Gegenüber, dass er sich unmöglich benommen hat.
Er wird sich sofort für sein Verhalten schämen und sie können sicher sein, dass es zu so einem Ausbruch in der nächsten Zeit nicht mehr kommen wird.

Beispiel:

Ihr Partner kommt vom Einkaufen zurück und hat alle 50 Artikel welche er einkaufen sollte fehlerfrei besorgt, ohne sich diese vorher auf einem Zettel notiert zu haben.
Als er sie darauf hinweist, zeigen sie ihm unmissverständlich was sie von seinem Ausbruch halten.

16. Ablenkung

Eine weitere wunderbare Methode um Unheil von sich abzuwenden ist die so genannte „Ablenkung".
Wenn sie merken, dass ihr Gegenüber mit einem unangenehmen Thema anfangen will, fangen sie an eine Geschichte zu erzählen bei der sie wissen dass sie ihren Gegenüber interessieren wird.
Am besten eignen sich hierfür Geschichten die von gemeinsamen Bekannten handeln.
Wichtig dabei ist, dass es sich um so genannte "Sünden" dieser Bekannten handelt.
Ihr Gegenüber kann somit in seiner Anfangsstimmung des "Vorwürfemachens" bleiben und sie muten ihm dadurch auch keinen zu großen Wechsel in seiner Stimmung zu.
So kann er alles an diesem Dritten herauslassen was eigentlich für sie bestimmt gewesen wäre.
Unterstützen sie ihn dabei wo es geht.
Sie werden sehen, dass sie an diesem Abend einen neuen Freund gefunden haben.

Beispiel:

Ihr Gegenüber wirft ihnen vor, dass sie ihn wegen eines anderen versetzt haben den er selber nicht mag.
Erzählen sie ihm von den Sünden des anderen.

17. Nostalgie

Wenn sie ihr Gegenüber in die Enge treibt dann schlagen sie ihm einen Haken mit der "Nostalgie". In dem Moment wo ihnen ihr Gegenüber einzureden versucht, dass an ihrem Verhältnis etwas nicht mehr stimmt, erinnern sie ihn einfach an bessere Zeiten.
Erzählen sie ihm von gemeinsamen schönen Erlebnissen bei denen sie beide sehr glücklich waren.
Sie können bei diesen Erzählungen bis ins kleinste Detail gehen.
Zaubern sie bei diesen Erzählungen ein liebevolles Lächeln auf ihre Lippen und schauen sie so verklärt wie möglich.
Sie müssen ihrem Gegenüber das Gefühl geben, dass sie in diesem Zustand nicht mehr ansprechbar sind.
Steigern sie sich richtig in diese Erzählungen hinein. Beobachten sie dabei aus den Augenwinkeln wie ihr Partner darauf reagiert.
Wenn sie merken, dass sie ihn mit ihren Erzählungen in die Vergangenheit gelockt haben, haben sie schon so gut wie gewonnen.
Er wird an diesem Tag sehr lieb zu ihnen sein und sie haben nichts mehr von ihm zu befürchten.

Beispiel:

Ihr Partner will mit ihnen über die letzten 10 Jahre reden in denen er mit ihnen nicht mehr glücklich war.
Erinnern sie ihn daran wie nett er sie vor 10 Jahren zum ersten Mal angesprochen hat.

18. Vergleich

Eine weitere Möglichkeit um sich geschickt aus der Affäre zu ziehen ist der so genannte „Vergleich".
Wenn ihr Gegenüber ihnen vorwirft sie verhalten sich nicht korrekt, dann vergleichen sie sich einfach mit jemandem der noch viel schlimmer ist als sie.
Sie müssen bei diesem Vergleich jedoch in die absolut Vollen greifen. Am besten hierbei wäre es, wenn sie sich schon vorher ein paar Gedanken machen würden wen sie in was für einem Fall zum Vergleich herziehen.
Auch von Vorteil wäre es, wenn sie für diesen Zweck die Geschichtsbücher studieren würden und sich daraus Namen von Personen notieren würden die durch ihre grausamen Taten in der Geschichte besonders berühmt wurden.
Diese lernen sie dann auswendig um sie im entscheidenden Moment erwähnen zu können.
Von so viel Grausamkeit wird ihr Gegenüber so schockiert sein, dass er sich dafür schämen wird sie überhaupt wegen so einer Lapalie angesprochen zu haben.

Beispiel:

Ihr Gegenüber wirft ihnen vor, zu viel Wein getrunken zu haben.
Erinnern sie ihn an Jesus, der sogar aus Wasser Wein machte.

19. Vergleich 2

Natürlich können sie den Vergleich auch in die andere Richtung verwenden. Wenn ihr Gegenüber anfängt, sich besonders hervorheben zu wollen, dann vergleichen sie ihn einfach mit jemandem, dem er nie das Wasser reichen kann.
Auch hierbei sollten sie einen Blick in die Geschichtsbücher werfen, wobei sie sich hier besonders die Namen von Heiligen notieren sollten.
Auch die Bibel ist für diesen Zweck gut geeignet. Sie können in diesem Fall sogar Gott persönlich notieren.
Falls ihr Gegenüber nun anfangen sollte, sich als etwas Besonderes darstellen zu wollen, dann vergleichen sie ihn einfach mit einem der von ihnen notierten Namen.

Beispiel:

Ihr Partner hat für sie gekocht und erwartet von ihnen ein Lob.
Vergleichen sie das Essen mit dem Essen ihrer Mutter.

20. Selbstzweifel

Auch ein guter Trick um einen Angriff ihres Gegenübers zu vermeiden ist der "Selbstzweifel". Stellen sie sich immer so hin, als ob sie ganz stark mit sich selbst ins Gericht gehen.
Sie müssen immer den Eindruck erwecken, dass sie vollkommen unzufrieden mit sich selbst sind und dass es ihnen total schlecht geht.
Durch dieses Verhalten verliert ihr Gegenüber jegliches Interesse daran sie anzugreifen. Stattdessen können sie sogar noch mit seiner vollen Unterstützung rechnen da er sich ihnen gegenüber als König fühlt, und welcher König kümmert sich nicht gerne um seine Untertanen.

Beispiel:

Sie haben sich mit ihrem Gegenüber fürs Kino verabredet. Sie haben jedoch keinerlei Lust in den Film zu gehen der vereinbart war.
Kommen sie bei ihrem Gegenüber mit einem leicht leidenden Blick an. Sagen sie ihm, dass sie den ganzen Tag schon unzufrieden mit sich selbst sind und dass sie das Gefühl haben ein Verlierer zu sein.
Sie werden sehen, dass sie an diesem Abend das Kinoprogramm aussuchen dürfen.

21. Selbsterkenntnis

Wenn sie merken, dass sie etwas über die Strenge geschlagen haben, dann eignet sich zur Glättung der Wogen auch die so genannte "Selbsterkenntnis".
Dabei müssen sie so glaubhaft wie möglich ihrem Gegenüber vermitteln, dass sie sich all ihrer Sünden bewusst sind.
Bei dieser Taktik empfiehlt sich auch der leicht "nachdenklich-schuldbewusste-ernste" Blick.
Dazu zählen sie noch alle Untugenden von sich selbst auf bei denen sie wissen, dass ihr Gegenüber sie weiß.
Wenn sie daraufhin von ihrem Gegenüber einen anerkennenden Blick bekommen, haben sie schon so gut wie gewonnen.
Sie wiegen ihn somit in Sicherheit und müssen in der nächsten Zeit nichts Schlimmes mehr von ihm befürchten.

Beispiel:

Ihr Partner beschwert sich, dass sie zu lieblos zu ihm geworden sind. Zählen sie ihm alle Sünden von sich auf wie: zu sehr gestresst, zu wenig Zeit für die wirklichen Dinge, zu müde, zu sehr mit sich selbst beschäftigt, zu viel Zeit mit anderen verbracht, zu gedankenlos, zu egoistisch, zu rücksichtslos, etc. Wenn ihr Partner ihnen mit einem verklärten zufriedenem Gesicht gegenübersitzt, haben sie gewonnen.

22. Freiheit

Wenn sie merken, dass ihr Gegenüber ihnen langsam auf die Schliche kommt, dann berufen sie sich auf ihre Freiheit.
In dem Moment wo ihnen ihr Gegenüber etwas vorwirft, werfen sie ihm vor dass er ihnen etwas vorwirft.
Machen sie ihm absolut klar, dass es egoistisch von ihm ist ihnen etwas vorzuwerfen.
Machen sie ihm des Weiteren klar, dass er sie mit seinem Egoismus bedrängt und sie sich deshalb in ihrer Freiheit gestört fühlen.
Sagen sie ihm, dass sie so nie etwas ändern werden.
Durch diesen absoluten Konter haben sie von ihrem Gegenüber in der nächsten Zeit nichts mehr zu befürchten und sie können so weitermachen wie bisher.

Beispiel:

Ihre Geliebte mit der sie seit 10 Jahren ein Verhältnis haben, wirft ihnen vor, sich nicht entscheiden zu können.

23. Schlechte Laune

Eine weitere Möglichkeit um immer in Ruhe gelassen zu werden ist die so genannte "schlechte Laune".
Dabei ist es wichtig, dass sie immer ein klein wenig schlechter gelaunt sind als ihr Gegenüber.
Somit zwingen sie ihn automatisch dazu, immer den Narren für sie zu spielen, da er ständig bemüht ist, ihre Laune wieder etwas zu heben.
Mit einem Angriff haben sie so in keinster Weise mehr zu rechnen.
Unterstreichen sie das Ganze noch, in dem sie alles und jeden in ihrer Umgebung schlecht machen.
So bekommt ihr Gegenüber Angst, selbst Opfer eines ihrer Angriffe zu werden und wird sich ihnen gegenüber dementsprechend verhalten.

Beispiel:

Sie sind Chef in einem Betrieb.

24. Gute Laune

Wenn sie merken, dass ihr Gegenüber sie angreifen will, gibt es auch noch den Trick der "guten Laune".
Erzählen sie ihrem Gegenüber wie glücklich er sie macht und wie froh sie sind ihn getroffen zu haben.
Laufen sie mit dem stahlendsten, glücklichsten Lächeln in der Gegend herum und finden sie alles im Leben einfach wunderbar.
Ihr Gegenüber muss das absolute Gefühl bekommen, dass er alleine für ihr Glück verantwortlich ist.
Am besten sie binden in dieses Schauspiel noch Freunde und Bekannte mit ein, die ihnen dass bestätigen.
Des Weiteren tragen sie ihr Gegenüber auf Händen und lesen sie ihm jeden Wunsch von den Augen ab.
Durch dieses Verhalten verhindern sie, dass ihr Gegenüber sie angreift, da er es nicht übers Herz bringt, sie aus ihrer "guten Laune" zu vertreiben.

Beispiel:

Sie fühlen, dass ihr Partner gerne mal wieder einen Abend ohne sie verbringen würde.

25. Abhängigkeit

Um einen weiteren Angriff von ihrem Gegenüber zu vermeiden machen sie ihn abhängig von sich. Lassen sie ihn so gut wie nichts mehr ohne sie entscheiden.
Nehmen sie ihm alles ab und machen sie aus ihm wieder ein Kleinkind. Er muss das absolute Gefühl bekommen, dass sie ein Elternteil von ihm sind.
Treten sie dabei streng auf und drohen sie ihm mit einer Strafe wenn er nicht hört.
Er darf keinerlei Handlungen mehr vornehmen ohne sie nicht vorher gefragt zu haben.
Gut wäre auch wenn sie ihm einen Rahmen abstecken würden in dem er sich frei bewegen darf. Den so genannten Laufstall.
Sie werden sehen, dass er sich bald wieder wie in seine Kindheit zurückversetzt fühlt und nur noch mit einem "Geborgenheitslächeln" auf den Lippen herumläuft.

Beispiel:

Ihr Partner hat das falsche Joghurt eingekauft. Sie wissen wie sie reagieren müssen.

26. Ultimatum

Wenn sie merken, dass ihr Gegenüber sie zu sehr beeinflussen will, dann setzen sie ihm ein Ultimatum.
Damit zeigen sie ihm, dass sie nicht alles mit sich machen lassen. Treten sie dabei sehr bestimmt auf.
Ihr Partner muss sehen, dass es ihnen wirklich ernst ist.
Vergessen sie nicht ihn immer wieder an das Ablaufen des Ultimatums zu erinnern.
Bleiben sie stark und lassen sie sich auch nicht durch Diskussionen davon abbringen.
Ihr Gegenüber muss erkennen, dass er sie nicht länger dominieren darf.

Beispiel:

Ihr Partner will sie nicht heiraten.
Sagen sie ihm, wenn er sie nicht bis zu einem bestimmten Zeitpunkt geheiratet hat, verlassen sie ihn.

27. Krisen

Eine besonders kritische Zeit sind Krisen in die ihr Gegenüber durch einen äußeren Umstand gebracht wurde.
In diesem Zustand hilft nur noch ein Trick um nicht aufzufliegen. Seien sie so lieb zu ihm wie sie nur können.
Sie müssen in dieser Zeit so zu ihm sein wie er sie sich immer gewünscht hat, da er in dieser Zeit mehr hinterfragt als sonst.
Ihr Verhalten in dieser Zeit muss so lieb sein, dass er ihr Verhalten vor dieser Zeit vergisst.
Wenn ihnen dass gelingt, dann haben sie die Krise so gut wie überstanden und sie können wieder so weitermachen wie vorher.

Beispiel:

Die Designertasche die sich ihre Freundin kaufen wollte ist verkauft worden und kann auch nicht mehr nachbestellt werden.
Geben sie alles.

28. Empörung

Auch eine gute Möglichkeit einer Situation zu begegnen ist die "Empörung".
Hierbei müssen sie sich darüber empören, wie sich ihr Gegenüber nur über so eine Lapalie aufregen kann.
Sagen sie ihm, er sei kleinlich und unterstreichen sie dass mit einer leichten Verwunderung in ihrer Gesichtsmimik.
Sagen sie ihm, dass sie sich diesbezüglich nie aus der Ruhe bringen lassen würden und schütteln sie dazu den Kopf.
Sagen sie ihm des Weiteren, dass er jederzeit das Gleiche machen könnte, ohne dass sie sich darüber aufregen würden.
Dieses Verhalten verunsichert ihr Gegenüber und er wird sich fragen, ob er nicht zu heftig reagiert hat.

Beispiel:

Ihr Partner hat erfahren, dass sie regelmäßig einen Swingerclub besuchen.

29. Verletzung

Eine Steigerung der "Empörung" ist die "Verletzung".
Hier zeigen sie sich "verletzt", dass ihr Gegenüber so mit ihnen redet, oder dass er ihnen in einer bestimmten Situation so misstraut.
Hier können sie alle Register ihrer Mimiken ziehen.
Dabei eignet sich der Wutausbruch genauso gut, wie der Weinanfall. Alles ist erlaubt.
Sie müssen ihn mit ihrer Reaktion so überzeugen, dass er sie "verletzt" hat, dass er am Ende ihrer Auseinandersetzung ganz vergessen hat, was er ihnen eigentlich vorgeworfen hat.
Wichtig dabei ist auch, dass er sich am Ende ihrer Auseinandersetzung bei ihnen entschuldigt.
Wenn sie dieses Verhalten ein paar Mal praktiziert haben, wird er sich genauer überlegen, ob er sie noch einmal "verletzen" wird.

Beispiel:

Ihr Partner wirft ihnen vor, das falsche Joghurt eingekauft zu haben.
Wehren sie sich auf Teufel komm raus.

30. Flucht

Wenn sie merken, dass gar nichts mehr geht, dann flüchten sie aus der kompletten Situation.
Begründen sie es damit, dass man mit ihrem Gegenüber nicht mehr reden kann. Sie müssen ihm das Gefühl geben, dass er Schuld daran hat, dass sie flüchten.
Bevor sie das Haus verlassen, müssen sie an ihrer Gesichtsmimik erkennen lassen, dass sich ihr Gegenüber ungehörig aufgeführt hat.
Erst wenn sie sicher sind, dass er dass auch mitbekommen hat, verlassen sie das Haus.
Sagen sie ihm dabei den Satz:" Wir reden später darüber, wenn du dich beruhigt hast".
Natürlich wird er sie, wenn sie wieder zurückkommen, nicht mehr auf das Thema ansprechen, da er sich dafür schämt, sich so ungehörig aufgeführt zu haben.
Stattdessen wird er sich für sein Verhalten bei ihnen entschuldigen.

Beispiel:

Sie wollen ohne ihren Partner einen gemütlichen Abend verbringen.
Brechen sie einen Streit vom Zaun und handeln sie so wie beschrieben.

31. Schmeichelei

Mit nichts kommen sie besser durchs Leben als mit der so genannten „Schmeichelei".
Sagen sie ihrem Gegenüber immer genau dass was er hören will.
Dabei ist vollkommen egal ob ihre Meinung genau dem Gegenteil davon entspricht.
Sie geben ihrem Gegenüber somit ein Gefühl der Sicherheit und er wird sie deshalb nicht angreifen.
Solange sie sich so verhalten, haben sie nichts von ihrem Gegenüber zu befürchten.
Sie können mit dieser Taktik wunderbar zusammenleben ohne dass jemals ein wirklicher Streit ausbricht.

Beispiel:

Sie wollen es mit ihrem Ehegatten bis zur goldenen Hochzeit schaffen.

32. Intelligenz

Eine wunderbare Methode ihren Gegenüber zu verunsichern ist die so genannte „Intelligenz".
Wenn ihr Gegenüber sie angreift, dann antworten sie so intelligent, dass er sie nicht mehr versteht. Benutzen sie dazu noch alle Fremdwörter die ihnen einfallen.
Sie werden sehen dass jedes Fremdwort welches ihr Gegenüber nicht versteht für ihn wie ein Schlag ins Gesicht ist.
Dazu bauen sie die Sätze noch so kompliziert auf dass nur sie ihnen noch folgen können.
Durch dieses Verhalten wird sich ihr Gegenüber bald geschlagen geben. Er wird erkennen, dass er es hier mit einem Meister der Verteidigung zu tun hat und er wird kleinlaut das Feld räumen.

Beispiel:

Ihre Putzfrau wirft ihnen vor kein Putzmittel eingekauft zu haben.

33. Verwirrung

Eine weitere Möglichkeit um ihren Angreifer aus dem Gleichgewicht zu bringen ist die so genannte "Verwirrung".
Dabei müssen sie es so anstellen, dass ihre formulierten Sätze nicht wirklich einen Sinn ergeben.
Fangen sie ihre Sätze normal an und lassen sie sie verwirrt enden.
Somit weiß ihr Gegenüber nicht mehr, was sie ihm eigentlich sagen wollten, und es wird ihm schwer fallen, wieder ein Gegenargument zu ihrer Aussage zu finden.
Durch dieses Verhalten wird er unsicher und er wird sich am Ende ihrer Diskussion selbst die Frage stellen, ob mit ihm vielleicht irgendetwas nicht stimmt.

Beispiel:

Ihr Chef will von ihnen wissen, was sie den ganzen Tag gemacht haben.

34. Verständigungsschwierigkeiten

Um Angriffen ihres Gegenübers aus dem Wege zu gehen gibt es auch noch die "Verständigungsschwierigkeiten".
Dabei müssen sie sich so hinstellen, als ob sie nicht wirklich ein Wort von ihrem Gegenüber verstehen.
Um das Ganze zu unterstreichen verwenden sie dabei den so genannten „Ratlos-Blick".
Wiederholen sie das Gesagte von ihrem Gegenüber aber lassen sie es falsch enden. Damit zeigen sie ihm dass sie es nicht verstanden haben.
Das Ganze wiederholen sie ein paar Mal und sie haben wieder ihre Ruhe.

Beispiel:

Ihr Partner will ihnen zeigen wie die Hausarbeit geht.

35. Schuldweitergabe

Eine wunderbare Methode um alle Schuld von sich zu weisen ist die so genannte "Schuldweitergabe".
Dies heißt nichts anderes, als dass sie einem Dritten die Schuld für dass geben was sie selbst ausgefressen haben.
Sie müssen sich selbst dabei so hinstellen als wären sie noch gar nicht in der Lage zu entscheiden was sie machen und was nicht.
Behaupten sie im Bann eines Dritten gewesen zu sein der sie zu ihrem Verfehlen verführt hat.
Sie müssen diesen Dritten so hinstellen als ob er alle Macht des Teufels in sich vereint und sie keinerlei Chancen gehabt hätten sich gegen ihn zu wehren.

Beispiel:

Sie kommen nach einer durchzechten Nacht nach Hause.
Ihr Partner macht ihnen deshalb Vorwürfe.
Sagen sie dass nicht sie gestern ihren Freund angerufen haben sondern er sie.

36. Verleugnung

Eine weitere Methode der Verteidigung ist die so genannte "Verleugnung".
Sagen sie ihrem Gegenüber, dass es sich um ein komplettes Missverständnis handelt und dass sie nie in der Lage wären so etwas zu tun. Schauen sie dabei so unschuldig wie möglich.
Wichtig ist auch, dass sich dabei keine Schweißperlen auf ihrer Stirn bilden.
Sie müssen ihre ganzen Körperfunktionen absolut im Griff haben. Nur so gelingt ihnen, wirklich glaubhaft zu sein.
Gut hierbei wäre auch, wenn sie das ihnen Vorgeworfene selbst bis aufs Letzte verurteilen.
Steigern sie sich richtig hinein und zeigen sie mit ihrer "ärgerlichen" Haltung, dass sie auf keinen Fall so etwas machen würden.
Schimpfen sie über Menschen die so etwas machen.
Mit dieser Vorstellung bringen sie ihr Gegenüber in eine 50 : 50 Situation. Dass heißt, ihr Gegenüber kann sich nur noch zu 50% sicher sein dass sie es waren.
Dadurch wird die Intensität seines Angriffs um die Hälfte reduziert.
Den Rest schaffen sie auch noch.

Beispiel:

Ihr Partner wirft ihnen vor, das Joghurt welches sie falsch eingekauft haben, gegessen zu haben.

37. Beschwichtigung

Um ihr Gegenüber zu beruhigen, eignet sich auch die so genannte "Beschwichtigung". Erklären sie ihrem Gegenüber, dass der komplette Vorfall so gut wie gar nicht stattgefunden hat. Machen sie ihm deutlich, dass sie weder körperlich, geistig noch seelisch wirklich anwesend waren. Sagen sie ihm, dass sie sich selbst schon gar nicht mehr an diesen Vorfall erinnern können. Ihr Gegenüber muss das Gefühl bekommen, dass sie wie in Hypnose gehandelt haben.

Beispiel:

Ihr Partner wirft ihnen vor, dass sie ihn geheiratet haben.

38. Umwandlung

Ein wunderbarer Trick in dem Gefecht mit ihrem Gegenüber ist die so genannte „Umwandlung". Wenn ihr Gegenüber ihnen etwas vorwirft, dann drehen sie den Sinn seiner Worte so herum, dass sie eine beleidigende Aussage für sie selbst darstellen.
Verstehen sie prinzipiell alles falsch und interpretieren sie in jede Aussage eine persönliche Beleidigung an sie.
Somit müssen sie auf die Aussage ihres Gegenübers nicht wirklich eingehen und können diese mit einem Konter sofort zurückschmettern.
Am besten wäre auch, wenn sie schon erahnen würden wo ihr Gegenüber den nächsten Ball hinplatzieren wird, um so dort bereits auf ihn zu warten.
Durch dieses Verhalten können sie sicher sein, das Spielfeld als Champion zu verlassen.

Beispiel:

Ihr Chef wirft ihnen vor, dass sie das Putzmittel selbst hätten kaufen können.

39. Unersetzlich

Wenn sie merken, dass es langsam eng wird, dann weisen sie ihren Gegenüber darauf hin, dass sie unersetzlich für ihn sind. Sie müssen ihm absolut klar machen, dass er weder geistig, seelisch noch körperlich in der Lage ist ohne sie zu überleben. Vergleichen sie seinen heutigen Zustand mit dem Zustand bevor er sie getroffen hat, aber natürlich nur, wenn es ihm damals schlechter ging. Zählen sie auf, was er mit ihnen alles erreicht hat und sagen sie ihm, dass er dass ohne sie nie erreicht hätte. Er muss erkennen, wem er dass alles zu verdanken hat.

Beispiel:

Ihr Partner will sie nicht von seinem Teller kosten lassen.

40. Hilflos

Die Gegenvariante zu "Unersetzlich" ist "Hilflos". Hier argumentieren sie genau umgekehrt. Machen sie ihrem Gegenüber klar, dass sie ohne ihn geistig, seelisch, körperlich und finanziell nicht weiterleben können. Sagen sie ihm, dass sie ein Säugling sind, der ohne seine Mutter nicht überlebensfähig ist. Sie müssen ihrem Gegenüber das Gefühl geben, dass er alleine für sie verantwortlich ist. Gut hierbei wäre auch, wenn sie es schaffen könnten, wie ein Säugling zu schreien. Dieser Urschrei lässt niemanden kalt. Sie werden sehen, dass ihr Gegenüber durch dieses Verhalten unverzüglich wieder an seine "Mutterpflichten" erinnert wird.

Beispiel:

Sie sind Chef in einem Betrieb und einer ihrer Mitarbeiter hat einen Fehler gemacht.

41. Stärkung

Um sich besser gegen einen Angriff durchsetzen zu können, hilft auch die so genannte "Stärkung". Hierbei behaupten sie, dass jeder Mensch auf dieser Welt der gleichen Meinung ist wie sie. Dabei ist es ratsam, Freunde, Bekannte und Verwandte mit einzuschließen.

Dazu können sie auch noch eine negative Geschichte erzählen, die ihnen einer ihrer Freunde, Bekannten oder Verwandten über ihr Gegenüber erzählt hat.

Dies schwächt ihn zusätzlich, da er es nun mit mehr als nur einer Person zu tun hat.

Als kleinen Tipp empfehle ich, für jeden ihrer Gegenüber eine Liste parat zu haben, auf der schon vorher alle Freunde, Bekannten und Verwandten unterschrieben haben, die ihrer Meinung sind.

Beispiel:

Ihr Gegenüber wirft ihnen vor, zu berechnend zu sein.

42. Erinnerung

Eines der letzten Mittel zur Verteidigung ist die so genannte "Erinnerung".
Hierbei erinnern sie ihr Gegenüber an alle Verfehlungen die er jemals in seinem Leben gemacht hat.
Dabei können sie ruhig bei seiner Geburt anfangen.
Falls er ihnen einmal erzählt hat, dass er im Kindergarten jemanden geschubst hat, zögern sie nicht auch dass zu erwähnen.
Sie dürfen alles sagen was ihnen einfällt.
Auch gut wäre, wenn sie in diesem Zusammenhang alle Personen erwähnen würden, mit denen er jemals gestritten hat.
Dies unterstützt das Ganze noch.

Beispiel:

Ihr Gegenüber wirft ihnen vor, ihn nicht von ihrem Teller kosten zu lassen.

43. Persönlicher Angriff

Als vorletzte Möglichkeit bleibt ihnen noch der "Persönliche Angriff". Hierbei zählen sie alle körperlichen, geistigen und seelischen Unvollkommenheiten ihres Gegenübers auf.
Auch hierbei sollten sie nichts auslassen.
Dabei ist die Erinnerung an den kleinen krummen Zeh genauso erlaubt wie das Erwähnen des Schnarchens bei Tag und bei Nacht.
Des Weiteren zeigen sie ihrem Gegenüber alle Zeugnisse die negative Bemerkungen über ihn enthalten.
Sagen sie ihm, dass sie ihn nie wirklich körperlich, geistig und seelisch anziehend fanden.

Beispiel:

Sie haben es bis zur goldenen Hochzeit geschafft. An ihrer goldenen Hochzeit wirft ihnen ihr Ehegatte vor nicht aufgegessen zu haben.
Sie wissen wie sie reagieren müssen.

44. Körperlicher Angriff

Wenn ihr Gegenüber mit den vorangegangenen 43 Möglichkeiten immer noch nicht überzeugt ist, bleibt ihnen nur noch die Möglichkeit des "Körperlichen Angriffs". Bei dieser Möglichkeit können sie hundertprozentig sicher sein, nie wieder etwas von ihrem Gegenüber zu hören und sie können somit dass bleiben was sie sind.

CPSIA information can be obtained at www.ICGtesting.com
Printed in the USA
BVOW012317181112

305894BV00009B/15/P

9 783833 447037